SENSACIONALES
SOPAS

EDIMAT *Libros*
www.edimat.es

Contenidos

Introducción

Las sopas caseras tienen algo muy especial, ya sea como parte de una cena sofisticada o para una crema familiar. La gama es inmensa: delicada y aromática; sustanciosa y cremosa; clásicamente sencilla y elegante, o tan espesa que casi necesitamos cuchillo y tenedor para comerla. Las sopas frías nos refrescan en los días de verano, mientras que los caldos caseros constituyen la mejor "calefacción central" para el invierno. Estas recetas son el resultado de la inspiración de diferentes cocinas alrededor del mundo, desde el gazpacho español a la *harira* marroquí, desde el *borchst* ruso al *succotash* norteamericano.

La clave para una sopa deliciosa reside en un buen caldo. Si bien las pastillas de caldo son útiles para algunos platos, lo cierto es que, en lo que a sopas se refiere, no hay nada como un caldo preparado con ingredientes frescos. En las páginas siguientes encontrará recetas para cuatro tipos de caldo, consejos para preparar los vegetales, y una guía para utilizar las hierbas como adorno, para que sus sopas luzcan tan bien como saben.

Ya sea para una comida familiar y económica o para sorprender a sus invitados especiales con algo extravagante y lujoso, como refresco en verano o calentador en invierno, lo encontrará todo en *Sensacionales Sopas*

Caldos

Un caldo de buena calidad es esencial para las sopas, y vale la pena hacer el esfuerzo de prepararlo en casa. El caldo casero puede congelarse sin problemas durante varios meses.

Caldo de pescado

INGREDIENTES
1 cebolla
1 zanahoria
1 tallo de apio
espinas, piel y partes de pescado
    que estén disponibles
6 granos de pimienta negra
2 hojas de laurel
3 ramitas de perejil fresco

1 Pele y corte la cebolla en trozos grandes. Pele y pique la cebolla. Raspe y corte el apio en rodajas.

2 Coloque los vegetales con el resto de los ingredientes en una cacerola grande, y añada 7 ½ tazas de agua. Caliente hasta punto de ebullición, retire la grasa de la superficie y deje cocer, sin tapa, durante 20 min. Cuele. El caldo puede ser usado inmediatamente o guardarse en la nevera durante 2 días.

Caldo de ternera

INGREDIENTES
2 cucharadas de aceite vegetal
675 g/1 ½ lb de pierna de ternera,
    en pedazos
1 *bouquet garní*
2 cebollas, peladas y cortadas
    en cuartos
2 zanahorias, peladas y picadas
2 tallos de apio, en rodajas
1 cucharadita de granos de pimienta negra
½ cucharadita de sal

1 Precaliente el horno a 220 °C/425 °F. Rocíe con el aceite vegetal el fondo de un molde para hornear y añada la carne. Cubra con el aceite y hornee durante 25-30 min, o hasta que se dore, volteándola regularmente para asegurar que se dore uniformemente.

2 Pase la carne a una cacerola grande, añada el resto de los ingredientes y cubra con 14 tazas de agua. Lleve a un hervor, quite la grasa de la superficie, cubra parcialmente y deje cocinar a fuego lento durante 2 ½ -3 h, o hasta que se reduzca a 7 ½ tazas.

3 Cuele el caldo y deje enfriar, retire cuidadosamente la grasa solidificada de la superficie antes de usar. Puede guardarlo en la nevera durante 4 días.

Caldo blanco o de pollo

INGREDIENTES
1 cebolla
4 clavillos
1 zanahoria
2 puerros
2 tallos de apio
1 pollo cocido o crudo o 675 g/1 ½ lb de
    huesos de ternera, cortados
    en pedazos
1 *bouquet garní*
8 granos de pimienta negra
½ cucharadita de sal

1 Pele la cebolla, pique en cuartos y ensarte un clavillo en cada uno. Raspe la piel y corte en pedazos grandes el resto de los vegetales. Ponga los vegetales en una cacerola grande junto al resto de los ingredientes del caldo.

2 Cubra con 7 ½ tazas de agua. Lleve a un hervor, retire la grasa de la superficie y cocine a fuego lento, parcialmente tapado, durante 2 h. Cuele y deje enfriar. Una vez frío, retire la grasa solidificada antes de usar. Puede almacenarse hasta 4 días en la nevera.

Caldo vegetal

INGREDIENTES
1 cebolla
2 zanahorias
2 tallos grandes de apio
pequeñas cantidades de cualquiera de los
    siguientes: puerros, apio-nabos, chirivías,
    nabos, arbolitos de col o coliflor, pedazos
    de champiñones
2 cucharadas de aceite vegetal
1 *bouquet garní*
6 granos de pimienta negra

1 Pele y corte la cebolla en rodajas. Raspe la piel y corte en pedazos grandes las zanahorias, el apio y el resto de los vegetales.

2 Caliente el aceite en una sartén grande y fría todos los vegetales hasta que se ablanden y estén ligeramente dorados. Añada el resto de los ingredientes y cubra con 7 ½ tazas de agua.

3 Lleve a un hervor, retire la grasa de la superficie, cubra parcialmente y deje cocinar a fuego lento 1 ½ h. Cuele el caldo y deje enfriar. Puede guardar el caldo en la nevera durante 4 días.

Técnicas

Picar cebollas

Muchos platos utilizan cebollas picadas como sabor esencial. Para los salteados, es importante que los pedazos sean de tamaño uniforme.

1 Pele la cebolla. Córtela por la mitad y ponga el lado cortado sobre una tabla. Haga cortes longitudinales sin llegar a atravesar del todo la raíz.

2 Haga dos cortes horizontales desde el extremo del tallo hacia la raíz, pero sin atravesarla. Corte las cebollas transversalmente para formar taquitos pequeños y uniformes.

Picar y pelar tomates

A veces es recomendable pelar los tomates antes de utilizarlos.

1 Utilizando un cuchillo pequeño y afilado, haga un corte justo a través de la piel de la base de cada tomate.

2 Ponga los tomates en una fuente y vierta agua hirviendo. Deje 20-30 s hasta que la piel se agriete. Escurra y pase a una fuente de agua fría. Pele la piel y corte la pulpa en pedazos uniformes.

Adornos

Las hierbas frescas son los perfectos acompañantes para las sopas caseras, pues les otorgan color, sabor y aroma. Se pueden usar de maneras muy diferentes.

Albahaca

Las hojas de albahaca en trozos grandes son el adorno ideal de las sopas de tomate y pollo.

Hojas de Zanahorias

No son estrictamente hierbas, pero las hojas de las zanahorias jóvenes son un adorno muy atractivo para las sopas de vegetales. Corte finamente y rocíe por encima justo antes de servir.

Cebollinos

Pueden prepararse de muchas maneras.
Píquelos en pedacitos, corte en grandes trozos o en rodajas para sopas chinas y asiáticas. Son perfectas con cualquier sopa cremosa de sabor fuerte.

Cilantro

Imprescindible en las sopas de China y de la India. Pique en pedazos grandes y rocíe para obtener un sabor inigualable.

Eneldo

Recorte ramilletes con las tijeras de cocina o pique finamente. Use para adornar las sopas de pescado.

Hinojo

Recorte o pique la parte frondosa y utilice para el adorno de las sopas mediterráneas.

Hierbas mixtas

Todas las hierbas se ven bien tan sólo con una rodajita de limón o pepino. Simplemente hay que poner una ramita pequeña que sobresalga por debajo de la rodaja. Haga pequeños manojos hasta formar un bouquet: coja varias hierbas, quite el tallo inferior y rice cuidadosamente las hojas con un removedor de cócteles.

Perejil

El perejil va bien con casi todas las sopas. Una ramita pequeña de perejil de hoja plana siempre se ve bien, y el perejil rizado finamente picado se ve precioso al rociarlo sobre la sopa.

Salvia

El delicado color y la atractiva textura de sus hojas son un complemento ideal de las sopas frías.

Berros

El verde intenso de los berros se ve maravilloso con el verde pálido de las sopas cremosas o con colores para contrastar.

Sopa de aguacate y calabacín

El chile y la salsa Worcestershire le dan un toque picante a esta sopa fresca, ideal para una comida veraniega al aire libre.

6 personas

INGREDIENTES
4 tazas de caldo de pollo
450 g/1 lb de calabacines, en rodajas
2 aguacates
3 cucharadas de jugo de limón
¾ tazas de yogur natural
2 cucharaditas de salsa Worcestershire
½ cucharadita de chile en polvo
una pizca de azúcar
un poquito de salsa de chile
sal

2 Pele los aguacates. Quite las semillas y tírelas. Corte la pulpa en pedazos grandes y ponga en una batidora o robot de cocina. Añada el jugo de limón y bata hasta que esté terso.

1 En una olla grande, lleve el caldo de pollo a un hervor. Añada los calabacines en rodajas y deje cocinar a fuego lento durante 10-15 min, hasta que los calabacines estén suaves. Retire del fuego y deje enfriar.

3 Con una cuchara calada, pase los calabacines a la batidora o robot de cocina. Reserve el caldo. Bata los calabacines junto con el puré de aguacate.

CONSEJOS: Recuerde que los aguacates perderán su color si no se utilizan justo después de pelar.

4 Vierta el puré en una escudilla. Añada el caldo de pollo reservado previamente, ⅔ del yogur, la salsa Worcestershire, el chile en polvo, el azúcar, la salsa de chile y sal. Mezcle. Cubra bien y refrigere 3-4 h.

5 Sirva en platos hondos con un cucharón y vierta el resto del yogur en pequeños remolinos en el centro de cada plato.

Vichyssoise

Adorne este clásico francés con nata ácida (*crème frâiche*) o crema agria, y rocíe con unos pocos cebollinos recortados.

6-8 personas

INGREDIENTES
450 g/1 lb de patatas cortadas en dados
6 ¼ tazas de caldo de pollo
4 puerros medianos, sin las hojas verdes
⅔ taza de nata ácida (*crème frâiche*) o
    crema agria
sal y pimienta negra recién molida
3 cucharadas de cebollinos frescos
    recortados, para el adorno

1 Ponga las patatas y el caldo en una olla o cacerola refractaria y lleve a un hervor. Baje el fuego y deje cocinar 15-20 min.

2 Corte los puerros a lo largo y enjuague bien en agua fría corriente. Corte en rodajas muy finas.

3 Cuando las patatas empiecen a ponerse tiernas, agregue los puerros. Salpimiente al gusto y deje cocer a fuego lento, removiendo ocasionalmente 15 min.

4 Bata la sopa en una batidora, si es necesario. Agregue la mayor parte de la nata, deje enfriar y luego refrigere. Sirva, con la ayuda de un cucharón, en escudillas frías y adorne con un remolino de nata y los cebollinos recortados.

Sopa de almendras

A menos que quiera pasarse un buen rato moliendo a mano los ingredientes de este plato, una batidora resulta esencial.

6 personas

INGREDIENTES
115 g/4 oz de pan blanco fresco
1 taza de almendras blanqueadas
2 dientes de ajo, en rodajas
5 cucharadas de aceite de oliva
1 ½ cucharada de vinagre de jerez
sal y pimienta negra recién molida
hojuelas de almendras tostadas y uvas verdes
    y negras, sin semillas, sin piel, cortadas
    por la mitad, para el adorno

1 Pique el pan, póngalo en una escudilla y vierta ⅔ tazas de agua fría. Deje 5 min.

2 Muela finamente las almendras y el ajo en una batidora. Añada y mezcle el pan empapado.

3 Incorpore, poco a poco, el aceite hasta formar una pasta lisa. Añada el vinagre y 2 ½ tazas de agua fría. Continúe batiendo hasta que alcance una textura suave.

4 Pase a una fuente y salpimiente, añadiendo un poco más de agua si la sopa resulta demasiado espesa. Refrigere 2-3 h como mínimo.

5 Sirva en escudillas con un cucharón, esparciendo las almendras y las uvas sin piel.

Sopa de tomate y pimiento dulce

Esta receta está inspirada en el tradicional gazpacho español.

4 personas

INGREDIENTES

2 pimientos rojos, sin semillas y en cuartos
3 cucharadas de aceite de oliva
1 cebolla cortada y 2 dientes de ajo, majados
675 g/1 ½ lb de tomates maduros, con mucho
    sabor
⅔ taza de vino tinto
2 ½ tazas de caldo de pollo
sal y pimienta negra recién molida
cebollinos recortados, para el adorno

PARA LOS *CROÛTONS*

2 rebanadas de pan blanco, sin la corteza
4 cucharadas de aceite de oliva

1 Ponga los cuartos de pimiento sobre la parrilla, del lado de la piel. Cocine hasta que las pieles se chamusquen. Pase a una fuente y cubra con un plato.

2 Caliente el aceite en una olla grande. Añada la cebolla y el ajo, cocine hasta que se ablanden. Retire la piel de los pimientos. Y corte, junto con los tomates, en pedazos grandes.

3 Añada los pimientos y los tomates a la olla con la cebolla y el ajo. Cubra y cocine a fuego lento 10 min. Añada el vino tinto y cocine 5 min más. Incorpore el caldo de pollo, la sal y la pimienta. Deje cocinar a fuego lento durante otros 20 min.

4 Para los *croûtons,* corte el pan en dados. Caliente el aceite de oliva en una pequeña sartén, añada los dados de pan y fría hasta que se doren. Escurra sobre papel absorbente y guarde en un recipiente hermético hasta que vayan a usarse.

5 Bata la sopa en una batidora hasta que esté tersa. Deje enfriar muy bien antes de refrigerarla 3 h, como mínimo. Una vez fría, salpimiente.

6 Sirva la sopa en platos hondos, cubierta con los churruscos y adornada con los cebollinos recortados.

Sopa de vegetales con pastines

Una combinación de hinojo, anís estrellado y pastís le da un delicado sabor anisado a esta sofisticada y elegante sopa.

6 personas

INGREDIENTES

175 g/6 oz de puerros, en rodajas finas
225 g/8 oz de hinojo, en rodajas finas
1 patata, en dados
3 pedazos de anís estrellado, dentro
    de un pedazo de muselina
1 ¼ tazas de nata líquida
2 cucharaditas de pastines (pasta para la sopa)
6 cucharadas de nata para montar o
    nata ácida (*crème fraîche*)
sal y pimienta negra recién molida
cebollinos recortados, para el adorno

3 Agregue la nata líquida, caliente hasta punto de ebullición y ajuste la sazón si es necesario.

1 Vierta 3 ¾ tazas de agua hirviendo en una olla. Añada los puerros, el hinojo, la patata y el anís estrellado; salpimiente al gusto. Caliente hasta punto de ebullición y deje cocinar a fuego lento durante 25 min.

2 Retire, con la ayuda de una cuchara calada, el anís estrellado. Bata los vegetales en una batidora hasta que queden tersos, y coloque en una olla limpia.

4 Cuele y coloque en una fuente, cubra y enfríe. Para servir, vierta el pastís, ponga en las escudillas. Añada un remolino de nata para montar o una cucharada de nata ácida. Adorne con los cebollinos recortados.

CONSEJOS: Para enfriar rápidamente la sopa, agregue una cucharada de hielo picado.

Gazpacho

El gazpacho es una sopa tradicional española. Es popular en toda su geografía, pero en ningún sitio como en Andalucía, donde existen cientos de variaciones.

4 personas

INGREDIENTES

1,5 kg/3-3½ lb de tomates maduros
1 pimiento verde, sin semillas
   y cortado en trozos grandes
2 dientes de ajo, majados
2 rebanadas de pan blanco, sin las cortezas
4 cucharadas de aceite de oliva
4 cucharadas de vinagre de vino de estragón
⅔ tazas de jugo de tomate
una pizca de azúcar
sal y pimienta negra recién molida
cubos de hielo, para servir

PARA LOS ADORNOS

2 cucharadas de aceite de girasol
2-3 rebanadas de pan blanco, en dados
1 pepino pequeño, pelado y en dados finos
1 cebolla pequeña, picada fina
1 pimiento rojo, sin semillas
   y en dados muy finos
1 pimiento verde, sin semillas
   y en dados muy finos
2 huevos duros, en trozos

CONSEJOS: Para apresurar el proceso de enfriamiento, ponga la sopera dentro de una fuente llena de cubos de hielo antes de meter en la nevera.

1 Pele los tomates, córtelos en cuartos y retire su centro. Ponga el pimiento en un robot de cocina y pique durante unos segundos. Añada los tomates, el ajo, el pan, el aceite de oliva y el vinagre. Procese de nuevo.

2 Añada el jugo de tomate, el azúcar, los condimentos y un poco de jugo de tomate adicional o agua fría. Vuelva a procesar. La consistencia de esta mezcla debe ser espesa, pero no pesada.

3 Vierta la sopa en una fuente y deje enfriar 2 h como mínimo, pero no más de 12 h. De lo contrario, su textura comenzará a deteriorarse.

4 Para preparar los dados de pan como adorno, caliente en aceite en una sartén y fríalos a fuego moderado durante 4-5 min hasta que se doren. Escurra bien en papel absorbente.

5 Ponga cada adorno en pequeños platos o dispóngalos en filas en un plato grande.

6 Justo antes de servir, ponga unos cuantos cubos de hielo en la sopa y sírvala en las escudillas. Agregue los adornos.

Sopa de pepino y yogur con nueces

Una refrescante sopa fría, con la clásica combinación de pepino y yogur, típica de Europa del Este.

4 personas

INGREDIENTES
1 pepino
4 dientes de ajo
½ cucharadita de sal
¾ tazas de nueces en pedazos
40 g/1 ½ lb de pan de 1 día, en pedazos
2 cucharadas de aceite de girasol o de nueces
1 ⅔ tazas de yogur de vaca o de oveja
½ taza de agua fría o agua mineral, fría, sin gas
1-2 cucharaditas de jugo de limón

PARA EL ADORNO
casi ½ taza de nueces, cortadas en trozos grandes
1 ½ cucharada de aceite de oliva
ramitas de eneldo fresco

1 Corte el pepino en dos y pele una de las mitades. Corte en dados la pulpa y deje aparte.

2 Utilizando un mortero, machaque bien el ajo y la sal juntos. Añada las nueces y el pan.

VARIACIÓN: Si prefiere que su sopa sea completamente suave, pásela por la batidora antes de servir.

3 Cuando la mezcla esté suave, añada poco a poco el aceite de girasol o nueces y mezcle bien.

4 Pase la mezcla a una escudilla grande y bata el yogur y los pepinos en dados.

5 Añada el agua y jugo de limón al gusto. Para servir, vierta la sopa en escudillas frías. Adorne con las nueces, un poco de aceite de oliva por encima, y las ramitas de eneldo fresco.

Borscht

Esta sopa constituyó, durante cientos de años, la dieta esencial de los campesinos de la Rusia pre-revolucionaria, y tiene muchas variaciones.

6 personas

INGREDIENTES
350 g/12 oz de remolacha entera, cruda
1 cucharada de aceite de girasol
115 g/4 oz de beicon magro, picado
    (opcional)
1 cebolla grande, picada
1 zanahoria grande, cortada en juliana
3 tallos de apio, en rodajas finas
unos 225 g/8 oz de tomates, pelados,
    sin semillas y en rodajas
6 ¼ tazas de caldo vegetal
    o de pollo
3 cucharadas de jugo
    de limón o vinagre de vino
115 g/4 oz de col, en rodajas finas
sal y pimienta negra recién molida
⅔ taza de crema agria, para servir

1 Pele la remolacha, corte en rodajas finas y éstas en tiras muy delgadas.

2 Caliente el aceite en una cacerola de fondo grueso y fría el beicon, si lo utiliza, a fuego lento 3-4 min. Añada la cebolla, fría 2-3 min y luego agregue la zanahoria, el apio y las tiras de remolacha. Cocine 4-5 min, removiendo frecuentemente, hasta que el aceite sea absorbido.

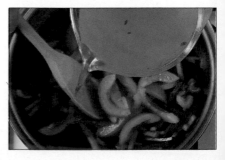

3 Añada los tomates, el caldo, el jugo de limón o vinagre de vino y la mitad del eneldo. Salpimiente al gusto. Caliente hasta punto de ebullición y luego deje cocer a fuego lento 30-40 min, hasta que los vegetales estén tiernos.

4 Añada la col y deje cocer durante 5 min más, hasta que esté tierna. Ajuste la sazón y sirva, espolvoreando el eneldo restante y la crema agria.

VARIACIONES: Pueden utilizarse lombardas en lugar de coles blancas. Si decide omitir el beicon, puede sustituir el caldo de ternera por el de pollo.

Sopa de cebolla a la francesa

Las cebollas se cocinan muy lentamente para darle a esta sopa su rico color castaño y el delicioso y dulce sabor de las cebollas.

4 personas

INGREDIENTES

2 cucharadas de aceite de oliva
2 cucharadas de mantequilla
900 g/2 lb de cebollas, cortadas en cuartos y
    luego en rodajas
2 dientes de ajo, majados
1 cucharadita de semillas de alcaravea
1 cucharada de azúcar morena ligera
1 cucharada de vinagre balsámico
2 cucharaditas de harina de trigo
5 tazas de caldo vegetal
¼ cucharadita de extracto de levadura
la corteza rallada y el jugo de un limón
sal y pimienta negra recién molida
pan francés en rodajas y queso Emmental
    rallado, para servir

1 Caliente el aceite y la mantequilla en una olla y añada las cebollas, el ajo, las semillas de alcaravea y el azúcar. Cubra y cocine a fuego moderado durante 20 min, removiendo ocasionalmente.

2 Añada el vinagre y cocine, sin tapa, durante 10 min. Incorpore la harina y cocine a fuego lento 1 min.

3 Apague el fuego y añada, poco a poco, el caldo, el extracto de levadura y los condimentos. Hierva, removiendo, y deje cocer a fuego lento 5 min.

4 Añada la corteza de limón y 1 cucharada del jugo. Sirva la sopa con un adorno de pan francés y queso.

Sopa de guisantes frescos

Si no hay guisantes frescos, puede usar guisantes descongelados y lavados.

2-3 personas

INGREDIENTES
un pequeño botón de mantequilla
2 o 3 chalotes, picados finos
3 tazas de guisantes frescos sin cáscara
(de alrededor de 1,3 kg/3 lb de guisantes
de jardín) o guisantes descongelados
2 tazas de agua
3-4 cucharadas de nata para montar
sal y pimienta negra recién molida
croûtons, o beicon crujiente, para adornar

1 Derrita la mantequilla en una olla. Añada los chalotes y cocine, removiendo ocasionalmente, durante unos 3 min.

2 Añada los guisantes y el agua y salpimiente. Cubra y deje cocer a fuego lento, removiendo ocasionalmente, durante unos 12 min en el caso de los guisantes jóvenes o congelados, y hasta 18 min si son guisantes más grandes o viejos.

3 Con ayuda de una cuchara calada, ponga los guisantes en una batidora, y bátalos con un poco del líquido de la cocción.

4 Cuele la sopa en la olla, añada la nata y caliente sin llegar a hervir. Condimente y sirva, adornado con los *croûtons* o el beicon.

Sopa de berros

Al cocinar los berros rápidamente, logramos conservar el verde intenso de sus hojas, y aseguramos que la sopa luzca tan bien como sabe.

4 personas

INGREDIENTES
1 cucharada de aceite de girasol
1 cucharada de mantequilla
1 cebolla mediana,
    picada fina
1 patata mediana, en dados
unos 175 g/6 oz de berros
1 ⅔ tazas de caldo
    vegetal o de pollo
jugo de limón
sal y pimienta negra
    recién molida
crema agria, para servir
    (opcional)

2 Retire las hojas de berro de los tallos y corte los tallos con un cuchillo afilado.

3 Añada el caldo y la leche a la olla, salpimiente. Caliente hasta punto de ebullición y deje cocer a fuego lento, parcialmente cubierta, durante 10-12 min, hasta que la patata esté tierna. Incorpore la mayor parte de las hojas de berro y deje cocer 2 min.

4 Licúe la sopa en un minipimer o batidora, y vierta en una olla limpia. Caliente a fuego lento con las hojas de berro restantes. Una vez caliente, pruebe, añada un poco de jugo de limón y ajuste la sazón.

1 Caliente el aceite y la mantequilla en una olla grande y fría la cebolla a fuego lento, hasta que esté blanda pero no dorada. Añada la patata, fríala a fuego lento durante 2-3 min. Cubra y déjelo en el fuego a esa potencia, removiendo ocasionalmente, durante 5 min.

CONSEJOS: Si omite la crema, ésta es una sopa nutritiva y baja en calorías. Servida con pan crujiente, constituye una suculenta y reconfortante comida.

5 Vierta la sopa en escudillas calientes y añada remolinos de crema, si la utiliza, justo antes de servir.

VARIACIÓN: Si lo desea, puede utilizar un poco de zumo de naranja en lugar de una porción del caldo.

Sopa de setas salvajes

Los champiñones deshidratados tienen un sabor y un aroma concentrados.
Aunque son algo caros, sólo se requiere una pequeña cantidad.

6-8 personas

INGREDIENTES

25 g/1 oz de setas salvajes deshidratadas,
   como colmenillas o *boletus edulis*
   (calabaza)
6 ¼ tazas de caldo vegetal o de pollo
2 cucharadas de mantequilla
2 cebollas, cortadas en trozos grandes
2 dientes de ajo, picados
900 g/2 lb de champiñones cultivados,
   recortados y en rodajas
½ cucharadita de tomillo seco
¼ cucharadita de nuez moscada recién rallada
2-3 cucharadas de harina de trigo
½ taza de Madeira o jerez seco
½ taza de nata ácida (*crème fraîche*) o
   crema agria
sal y pimienta negra recién molida
cebollinos recortados, para el adorno

2 En una cacerola de fondo grueso, derrita
la mantequilla a fuego moderado. Cocine
las cebollas durante 5-7 min, hasta que se
ablanden y empiecen a dorarse.

3 Añada el ajo y los champiñones frescos
y cocine hasta que se ablanden. Añada
entonces los condimentos, el tomillo, la
nuez moscada y la harina. Cocine 3 min,
removiendo, hasta que esté bien mezclado.

4 Añada el Madeira o el jerez, el resto
del caldo de pollo, los champiñones
deshidratados y el líquido. Cocine a fuego
moderado, con la olla tapada, durante
30-40 min, hasta que los champiñones
estén muy tiernos.

1 Lave las setas deshidratadas. Póngalas
en una olla con 1 taza del caldo y lleve
progresivamente a un hervor. Retire del
fuego y deje aparte durante 30-40 min.

5 Licúe la sopa, por tandas, en un minipimer o batidora. Cuélela de nuevo en la olla, apretando con fuerza para que el puré pase a través del tamiz. Agregue la nata ácida o la crema agria. Espolvoree con los cebollinos justo antes de servir.

CONSEJOS: Si lo desea, sirva con un poco de nata ácida o crema agria a temperatura ambiente. Agréguela antes de echar los cebollinos.

Sopa de cilantro y zanahoria

Las zanahorias son excelentes para las sopas, ya que se hacen puré y tienen un sustancioso sabor, que se complementa con los sabores de hierbas y especias.

4-6 personas

INGREDIENTES
450 g/1 lb de zanahorias, tempranas
   y tiernas, preferiblemente
1 cucharada de aceite de girasol
3 cucharadas de mantequilla
1 cebolla, picada
1 tallo de apio, en rodajas, más 2-3 partes
   superiores de los tallos, con hojas
2 patatas pequeñas, cortadas
4 tazas de caldo vegetal o de pollo
2-3 cucharaditas de cilantro molido
1 cucharada de cilantro fresco
casi 1 taza de leche
sal y pimienta negra recién molida

1 Corte las zanahorias en trozos grandes. Caliente el aceite y 2 cucharadas de la mantequilla en una olla de fondo grueso y fría la cebolla durante 3-4 min a fuego lento, hasta que esté ligeramente reblandecida, pero sin dorarse.

2 Añada el tallo de apio y las patatas, cocine unos minutos y entonces incorpore las zanahorias. Fría a fuego lento, removiendo ocasionalmente, durante 3-4 min. Cubra. Reduzca aún más el fuego y deje sudar durante unos 10 min. Agite la olla o remueva ocasionalmente, para evitar que los vegetales se peguen al fondo.

3 Añada el caldo, lleve a un hervor. Cubra parcialmente y deje cocinar a fuego lento otros 8-10 min, hasta que las zanahorias y las patatas estén tiernas.

4 Quite unas 6-8 hojas muy pequeñas de apio, y corte la parte superior de los tallos muy finamente. Derrita la mantequilla restante en una pequeña sartén y fría el cilantro molido, removiendo constantemente, durante 1 min.

5 Baje el fuego y añada el apio picado y el cilantro fresco. Fría durante 1 min. Ponga aparte. Licúe la sopa en un minipimer o batidora y vierta en una cacerola limpia. Añada la leche, la mezcla de cilantro y los condimentos. Caliente a fuego lento, pruebe y ajuste la sazón. Sirva adornado con las hojas apartadas del apio.

VARIACIÓN: Para un sabor más picante, añada un poco de jugo de limón justo antes de servir.

Crema de espinacas

Esta sustanciosa y suave sopa está llena de sabor. Servida con pan crujiente, se convierte en una comida muy ligera.

4 personas

INGREDIENTES
500 g/1 ¼ lb de espinaca fresca, joven, bien lavada
5 tazas de agua salada
2 cebollas, finamente cortadas o picadas
2 cucharadas de mantequilla
3 cucharadas de harina de trigo de uso general
1 taza de nata para montar
sal y pimienta negra recién molida
2 huevos duros, cortados en rodajas
y 2 lochas de beicon magro a la parrilla, para servir

3 Fría las cebollas en la mantequilla en una sartén grande, hasta que se doren. Retire del fuego y espolvoree la harina. Devuelva la mezcla al fuego 1-2 min más, para que se cocine la harina.

4 Incorpore el líquido guardado de las espinacas dentro de la mezcla de cebolla y una vez bien mezclado, llévelo a un hervor.

1 Retire y descarte los tallos duros de las hojas de espinaca. En una cacerola grande, lleve el agua salada a un hervor. Añada las espinacas y cocine 5-6 min. Cuele la espinaca y guarde el líquido.

2 Coloque las hojas coladas en un minipimer o batidora, y licúe hasta formar un puré.

5 Cocine hasta que se espese, y agregue el puré de espinacas y la nata para montar. Recaliente y ajuste la sazón. Sirva la sopa en escudillas, adornada con un poco más de pimienta y los huevos en rodajas. Espolvoree con los pedazos de beicon.

Sopa de espárragos con cangrejo

Esta exquisita sopa es el perfecto primer plato para una cena formal.

6-8 personas

INGREDIENTES
1,3 kg/3 lb de espárragos frescos
2 cucharadas de mantequilla
6 ¼ tazas de caldo vegetal
   o de pollo
2 cucharadas de harina de maíz
½ taza de nata para montar
sal y pimienta negra recién
   molida
175-200 g/6-7 oz de carne de cangrejo
   blanco, para adornar (opcional)

1 Recorte los extremos leñosos de la base de los espárragos y corte los tallos en pedazos de 2,5 cm/1 in.

2 Derrita la mantequilla en una cacerola refractaria o de fondo grueso, a fuego medio-alto. Añada la parte inferior de los tallos de los espárragos y cocine 4 min, removiendo frecuentemente. Agregue luego las puntas y cocine 2 min, hasta que estén de color verde brillante, no marrón.

3 Añada el caldo y caliente hasta punto de ebullición a fuego alto, retirando la espuma que pueda subir a la superficie. Deje cocinar a fuego moderado durante 3-5 min, hasta que los espárragos estén tiernos y, sin embargo, algo crujientes. Guarde 12-16 de las puntas para el adorno. Salpimiente, cubra y continúe cocinando unos 15-20 min, hasta que estén muy tiernos.

4 Licúe la sopa en una batidora o minipimer, y pase la mezcla a través de la hojilla delgada de un molinillo de comida, de nuevo a la olla. Vuelva a hervir la sopa a fuego moderado.

5 Mezcle la harina de maíz con
2-3 cucharadas de agua fría y bátalo junto
con la sopa hirviente para que espese.
Ajuste la sazón.

6 Para servir, vierta la sopa en escudillas
y cubra cada una con una cucharada
de carne de cangrejo y las puntas de
espárrago apartadas.

Minestrone

Esta cálida sopa italiana es tan sustanciosa que resulta, prácticamente,
una comida completa.

4 personas

INGREDIENTES
1 puerro grande, en rodajas finas
2 zanahorias, cortadas
1 calabacín, en rodajas finas
115 g/4 oz de judías verdes,
    por la mitad
3 cucharaditas de aceite de oliva
2 tallos de apio, en rodajas finas
6 ¹/₄ tazas de caldo de ternera
    o de verduras, o agua
400 g/14 oz de tomate en lata, cortado
1 cucharada de albahaca fresca picada
1 cucharadita de tomillo fresco picado
    o ¹/₂ cucharadita de tomillo seco
400 g/14 oz de alubias rojas o *cannellinni*,
    en lata
¹/₂ taza de pasta corta
sal y pimienta negra recién molida

PARA EL ADORNO
queso Parmesano recién rallado
    (opcional)
perejil fresco picado

2 Añada el caldo o el agua, los tomates
picados, la albahaca y el tomillo y
salpimiente al gusto. Lleve a un hervor,
cubra y deje cocer a fuego lento
durante 30 min, hasta que los vegetales
estén tiernos.

1 Ponga el puerro, las zanahorias, el
calabacín, las judías y el apio en una olla
grande, junto con el aceite de oliva.
Caliente hasta que el aceite chisporrotee,
entonces ponga el fuego muy bajo. Cubra
y cocine durante 15 min, agitando la olla
de vez en cuando para evitar que se
peguen los vegetales.

3 Añada las alubias rojas o *cannellini*,
junto con el jugo de la lata. Mezcle
con cuidado para no romper las judías.
Añada la pasta, vuelva a llevar a un
hervor. Baje el fuego y cocine
suavemente durante 8-10 min,
hasta que la pasta esté tierna, pero aún
firme al morder.

4 Pruebe y ajuste la sazón. Sirva la sopa en escudillas tibias. Espolvoree con el Parmesano, si lo usa, y el perejil picado. Sirva inmediatamente.

CONSEJOS: El *minestrone* también es delicioso en frío en un caluroso día de verano. De hecho, su sabor mejora si se hace con 1 o 2 días de antelación y se guarda en la nevera. También puede congelarse y recalentarse.

Sopa de cebada y vegetales

Esta sopa viene del norte de Italia y resulta un nutritivo y cálido plato de invierno.

6-8 personas

INGREDIENTES
1 taza de cebada
    perlada
8 tazas de caldo de ternera o agua,
    o una combinación de ambos
3 cucharadas de aceite de oliva
2 zanahorias, picadas finas
2 tallos de apio
1 puerro, en rodajas finas
1 patata grande,
    picada fina
½ taza de jamón
    en dados
1 hoja de laurel
3 cucharadas de perejil fresco
1 ramita de romero fresco
sal y pimienta negra
    recién molida
queso Parmesano recién rallado,
    para servir (opcional)

1 Revise la cebada y descarte piedras o cualquier otra partícula extraña. Lave con agua fría. Póngala a remojo en agua fresca por al menos 3 h.

CONSEJOS: Sirva esta sopa con abundante pan de barra italiano para que sea una sencilla comida completa.

2 Escurra la cebada y póngala en una cacerola grande; junto con el caldo o el agua. Lleve a un hervor, baje el fuego y deje cocer 1 h. Retire la espuma que suba a la superficie.

3 Agregue el aceite, todos los vegetales y el jamón. Añada la hoja de laurel, el perejil fresco picado y la ramita de romero. Si es necesario, añada más agua. Los ingredientes deben estar cubiertos por, al menos, 2,5 cm/1 in de líquido. Cocine a fuego lento durante 1-1 ½ h, o hasta que los vegetales y la cebada estén muy tiernos.

VARIACIÓN: Una excelente versión vegetariana de esta sopa se obtiene si sustituimos el caldo de carne por caldo vegetal y si omitimos el jamón.

4 Pruebe la sopa para ajustar la sazón, salpimiente si es necesario. Sirva caliente. Espolvoree con el queso Parmesano, si lo desea.

Sopa de judías a la italiana

En Italia, la *ribollita* se sirve tradicionalmente sobre pan y verduras, aunque se puede omitir este paso para una versión más ligera.

6-8 personas

INGREDIENTES
3 cucharadas de aceite
   de oliva
2 cebollas, picadas
2 zanahorias, en rodajas
4 dientes de ajo, majados
2 tallos de apio, en rodajas finas
1 bulbo de hinojo, recortado
   y picado
2 calabacines grandes,
   en rodajas finas
400 g/14 oz de tomates en lata, cortados
2 cucharadas de pesto
3 ¾ tazas de caldo vegetal
400 g/14 oz de judías *borlotti* en lata,
   escurridas
sal y pimienta negra recién molida

PARA EL ACABADO
1 cucharada de aceite de oliva
   extra virgen, y un poco más para rociar
450 g/1 lb de espinacas jóvenes
6-8 rebanadas de pan blanco
virutas de queso Parmesano

2 Añada los tomates cortados, el pesto, el caldo vegetal y las judías *borlotti*. Mezcle bien. Lleve a un hervor. Baje el fuego, cubra y deje cocer lentamente durante 25-30 min, hasta que todos los vegetales estén completamente tiernos. Salpimiente al gusto.

1 Caliente el aceite de oliva en una olla grande de fondo grueso. Añada las cebollas, las zanahorias, el ajo, el apio y el hinojo. Fría a fuego moderado, removiendo ocasionalmente, durante 10 min. Añada los calabacines y fría, removiendo ocasionalmente, otros 2 min.

3 Para el acabado, caliente el aceite de oliva en una sartén de fondo grueso. Añada las espinacas y fría durante 2 min hasta que se marchiten, removiendo con frecuencia para evitar que se peguen.

4 Ponga el pan en las escudillas individuales y divida las espinacas entre éstas. Sirva la sopa con ayuda de un cucharón. Rocíe con el aceite de oliva adicional y espolvoree las virutas de queso Parmesano.

VARIACIÓN: En lugar de las espinacas, puede usar otras verduras oscuras, como las acelgas o la col. Corte en tiras y cocine hasta que estén tiernas.

Sopa de calabacitas *butternut*

La combinación de nata, curry y rábano es la cubierta perfecta para esta maravillosa sopa dorada.

6 personas

INGREDIENTES

1 calabacita *butternut*
1 manzana para asar
2 cucharadas de mantequilla
1 cebolla, picada fina
1-2 cucharadita de curry
   en polvo
3 ¾ tazas de caldo vegetal
   o de pollo
1 cucharadita de salvia fresca picada,
   y un poco más, finamente desmenuzado,
   para el adorno
⅔ taza de zumo de manzana
sal y pimienta negra recién molida

CREMA DE RÁBANO AL CURRY

4 cucharadas de nata para montar
2 cucharaditas de salsa de rábano
½ cucharadita de curry en polvo

1 Pele la calabacita, quite las semillas y corte la pulpa. Pele la manzana, quítele el corazón y las semillas.

> **CONSEJOS:** Le recomendamos que use alguna de las pastas de curry de la vasta gama disponible en tiendas y supermercados indios y paquistaníes. Suelen tener un sabor más fresco que el curry en polvo.

2 Caliente la mantequilla en una cacerola grande. Añada la cebolla y cocine durante 5 min, removiendo ocasionalmente, hasta que se ablande. Agregue el curry en polvo. Para sacarle todo su sabor, cocine durante 2 min, removiendo constantemente.

3 Añada el caldo, la calabacita, la manzana y la salvia. Lleve a un hervor, baje el fuego, cubra y deje cocinar 20 min, hasta que la calabacita y la manzana estén blandas.

4 Mientras tanto, vaya haciendo la crema de rábano. Bata la nata en una escudilla, hasta que esté tiesa, incorpore la salsa de rábano y el curry en polvo. Cubra y refrigere.

5 Licúe la sopa en una batidora o minipimer. Ponga en una olla limpia, añada el zumo de naranja y salpimiente al gusto. Recaliente a fuego lento, sin dejar que hierva.

6 Ponga la sopa en escudillas individuales y adorne con unas cuantas hojas de salvia, desmenuzadas. Sirva inmediatamente, con la crema de rábano en una salsera aparte, o como cubierta de la sopa.

Sopa de vegetales con coco

Una tradicional sopa africana, sutilmente condimentada.

4 personas

INGREDIENTES

2 cucharadas de mantequilla o margarina
½ cebolla roja, picada fina
175 g/6 oz de cada uno de los siguientes:
    nabos, boniatos y calabazas, en dados
1 cucharadita de mejorana seca
½ cucharadita de jengibre molido
¼ cucharadita de canela molida
1 cucharada de cebolleta picada
4 tazas de caldo vegetal
2 cucharadas de almendras en hojuelas
1 chile fresco, sin semillas y picado
1 cucharada de azúcar
25 g/1 oz de coco en crema
sal y pimienta negra recién molida
cilantro picado, para el adorno

1 Derrita la mantequilla o la margarina en una olla grande antiadherente. Fría la cebolla por 4-5 min. Añada los vegetales en dados y fría 3-4 min.

2 Añada la mejorana, el jengibre, la canela, las cebolletas, sal y pimienta. Fría a fuego lento, removiendo constantemente, durante 10 min.

3 Añada el caldo, las almendras, el chile y el azúcar. Remueva para mezclar bien, cubra y deje cocinar a fuego lento 10-15 min, hasta que los vegetales empiecen a ablandarse.

4 Ralle el coco sobre la sopa y remueva. Espolvoree el cilantro y sirva en escudillas.

Sopa picante de cacahuete

Una espesa y cálida sopa de vegetales, que obtiene su sabor del chile y los cacahuetes.

6 personas

INGREDIENTES
2 cucharadas de aceite
1 cebolla grande, picada fina
2 dientes de ajo, majados
1 cucharadita de chile en polvo
2 pimientos rojos, sin semillas
   y finos picados
225 g/8 oz de zanahorias, picadas finas
225 g/8 oz de patatas, picadas finas
3 tallos de apio, en rodajas
3 ¾ tazas de caldo vegetal
6 cucharadas de mantequilla de cacahuete
⅔ taza de maíz dulce
sal y pimienta negra recién molida
cacahuetes tostados sin sal, cortados en trozos
   grandes, para el adorno

1 Caliente el aceite en una olla grande y cocine la cebolla y el ajo durante unos 3 min. Añada el chile en polvo y cocine 1 minuto más.

2 Añada los pimientos, las zanahorias, las patatas y el apio. Remueva bien, cocine otros 4 min, removiendo ocasionalmente.

3 Incorpore el caldo vegetal la mantequilla de cacahuete y el maíz dulce. Mezcle bien.

4 Condimente. Lleve a un hervor, cubra y deje cocer a fuego lento durante 20 min, o hasta que los vegetales estén tiernos. Ajuste la sazón antes de servir, esparza los cacahuetes picados para adornar.

Bouillabaisse

Quizás la más famosa de las sopas del Mediterráneo, esta receta es una colorida mezcla de pescado y mariscos.

4-6 personas

INGREDIENTES

1,5 kg/3-3 ½ lb de pescados y mariscos
    varios, como salmonete, pez de San Pedro
    o gallo, rape, pargo, merluza, camarones
    y almejas
225 g/8 oz de tomates con sabor
una pizca de hilo de azafrán
6 cucharadas de aceite de oliva
1 cebolla, en rodajas
1 puerro, en rodajas
1 tallo de apio, en rodajas
2 dientes de ajo, majados
1 *bouquet garní*
1 tira de cáscara de naranja
½ cucharadita de semillas de hinojo
1 cucharada de puré de tomate
2 cucharaditas de Pernod
4-6 rebanadas de pan francés
3 cucharadas de perejil fresco picado
sal y pimienta negra recién molida

1 Quite las cabezas, colas y aletas y póngalas en una olla grande, con 5 tazas de agua. Lleve a un hervor, y deje cocinar a fuego lento durante 15 min. Cuele y guarde el caldo.

2 Corte el pescado en trozos grandes. Deje los mariscos en sus conchas. Escalde los tomates, escúrralos y enfríelos con agua fresca. Pélelos y córtelos en trozos grandes. Remoje el azafrán en 1-2 cucharadas de agua caliente.

3 Caliente el aceite de oliva en una olla grande. Añada la cebolla, el puerro y el apio, y cocine hasta que se ablanden.

4 Añada el ajo, el *bouquet garní*, la cáscara de naranja, las semillas de hinojo y los tomates. Incorpore el azafrán con su agua de remojo y el caldo guardado. Salpimiente, caliente hasta punto de ebullición y deje cocer a fuego lento durante 30-40 min.

5 Añada los mariscos y hierva unos 6 min. Agregue los mariscos y cocine 6-8 min más, hasta que el pescado se desmenuce con facilidad.

6 Con una cuchara calada, pase el pescado a una fuente tibia de servir. Mantenga el líquido hirviendo, para que el aceite de oliva se mezcle con el caldo. Añada el puré de tomate y el Pernod.

7 Compruebe la sazón. Para servir, ponga una rebanada de pan francés en cada escudilla, vierta el caldo y sirva el pescado separadamente, rociado con perejil fresco.

Crema de maíz dulce y vieiras

El maíz dulce casero resulta ideal para esta crema, aunque el de lata o congelado también funciona. Esta sopa constituye una comida perfecta.

4-6 personas

INGREDIENTES

2 mazorcas de maíz o 200 g/7 oz de maíz en lata o congelado
2 ½ tazas de leche
1 cucharada de mantequilla o margarina
1 puerro o cebolla pequeños, recortado
40 g/1 ½ lb de beicon ahumado magro, picado fino
1 diente de ajo pequeño, majado
1 pimiento verde pequeño, sin semillas y en dados
1 tallo de apio, picado
1 patata mediana, en dados
1 ¼ tazas de caldo vegetal o de pollo
1 cucharada de harina de trigo de uso general
4 vieiras
115 g/4 oz de mejillones frescos cocidos
una pizca de pimentón dulce
⅔ taza de nata líquida (opcional)
sal y pimienta negra recién molida

1 Si utiliza maíz fresco, saque los granos de las mazorcas con la ayuda de un cuchillo afilado.

2 Ponga la mitad de los granos en una batidora o minipimer y licúe con un poco de leche.

3 Derrita la mantequilla o la margarina en una olla grande y fría a fuego lento el puerro o la cebolla durante 4-5 min, hasta que esté blando, pero no dorado. Añada el pimiento verde, el apio y la patata y deje sudar a fuego lento, removiendo ocasionalmente, durante 3-4 min más.

4 Incorpore la harina y cocine 1-2 min, hasta que la mezcla se ponga dorada y espumosa. Agregue, poco a poco, la mezcla de maíz con leche, el caldo, y los granos de maíz y la leche restantes. Condimente.

5 Caliente hasta punto de ebullición a fuego moderado. Baje el fuego y deje cocinar suavemente, parcialmente tapado, durante 15-20 min, hasta que todos los vegetales estén tiernos.

6 Quite las conchas de las vieiras y corte la carne blanca en rodajas de 5 mm. Añada a la sopa, cocine 4 min y entonces incorpore las conchas, los mejillones y el pimentón dulce.

7 Deje que la crema se caliente durante unos pocos minutos y añada la nata, si la usa. Ajuste la sazón y sirva inmediatamente.

Crema de almejas, champiñones y patatas

Esta magnífica variación de la clásica crema de almejas obtiene aún más sabor al añadirle las setas salvajes.

4 personas

INGREDIENTES
48 almejas medianas, lavadas
¼ de mantequilla
   sin sal
1 cebolla grande, picada
1 tallo de apio, en rodajas
1 zanahoria mediana,
   en rodajas
225 g/8 oz de setas salvajes de varios tipos,
   en rodajas
225 g/8 oz de patatas, en rodajas gruesas
5 tazas de caldo vegetal o de pollo, hirviendo
1 ramita de tomillo
3 cucharadas de perejil fresco picado,
   y 4 tallos de perejil
sal y pimienta negra recién molida

1 Ponga las almejas en una sartén de acero inoxidable, vierta agua hasta alcanzar 1 cm/½ in de profundidad, cubra y cocine al vapor a fuego moderado durante 6-8 min.

CONSEJOS: Si no se dispone de almejas, se puede utilizar la misma cantidad de mejillones.

2 Cuele las almejas en una escudilla, quite las conchas y corte la carne. Cuele los jugos y ponga aparte.

3 Ponga la mantequilla, la cebolla, el apio y la zanahoria en la sartén y fría hasta que se ablanden, pero sin colorearse. Añada las setas y cocine 3-4 min hasta que empiecen a soltar jugo.

4 Añada las patatas, las almejas y su jugo, el caldo, el tomillo y los tallos de perejil. Cocine a fuego lento durante 25 min, o hasta que las patatas se desmenucen. Condimente, esparza el perejil y sirva.

Harira marroquí

Ésta es una sustanciosa sopa de vegetales que se come durante el Ramadán, el mes en el que los musulmanes ayunan desde el amanecer hasta el ocaso.

4 personas

INGREDIENTES
450 g/1 lb de tomates con mucho sabor
225 g/8 oz de cordero, en pedazos de 1 cm.
½ cucharadita de cúrcuma molida
½ cucharadita de canela molida
2 cucharadas de mantequilla
4 cucharadas de cilantro fresco picado
2 cucharadas de perejil fresco picado
1 cebolla, picado
¼ taza de lentejas rojas
½ taza de garbanzos secos, a remojo durante la noche
4 cebollas baby o chalotes pequeños, pelados
¼ taza de sopa de fideos
sal y pimienta negra recién molida

PARA EL ADORNO
cilantro fresco picado
rodajas de limón
canela molida

2 Ponga los pedazos de cordero, la cúrcuma, la canela, la mantequilla, el cilantro fresco, el perejil y la cebolla picada en una sartén grande. Cocine a fuego moderado, removiendo, durante 5 min. Añada los tomates picados y continúe cocinando durante 10 min.

3 Enjuague las lentejas rojas en agua corriente y añada a la sartén, junto con los garbanzos y 2 ½ tazas de agua. Salpimente. Lleve a un hervor, cubra y cocine a fuego lento durante 1 ½ h.

4 Añada las cebollas *baby* o los chalotes completos, y cueza durante 30 min. Agregue los fideos 5 min antes de terminar el tiempo de cocción. Adorne con el cilantro fresco, las rodajas de limón y la canela molida.

1 Sumerja los tomates en agua hirviendo 30 s, luego en agua fría. Pele, corte en cuartos, quite las semillas y píquelos.

Plato de sopa *succotash*

Es un plato de los indios norteamericanos, hecho con maíz y judías con vaina y estaba originalmente enriquecido con grasa de oso.

4 personas

INGREDIENTES
¼ taza de mantequilla
1 cebolla grande, picada
2 zanahorias grandes,
    cortadas en bastoncitos
3 ¾ tazas de leche
1 cubito de caldo vegetal
2 patatas, medianas,
    en dados
1 ramita de tomillo
1 ⅓ de tazas de maíz dulce congelado
2 tazas de judías con vaina o habas,
    congeladas
2 cucharadas de perejil fresco picado, para
    adornar

2 Añada la leche, el cubito de caldo, las patatas, el tomillo, el maíz dulce y las habas o judías con vaina. Lleve a un hervor, baje el fuego y cueza suavemente durante 10 min, hasta que las patatas estén tiernas.

1 Derrita la mantequilla en una olla grande de fondo grueso. Añada la cebolla picada y los bastoncitos de zanahoria. Cocine a fuego moderado, removiendo con frecuencia, durante 3–4 min, hasta que los vegetales se ablanden, pero sin colorearse.

3 Salpimiente a gusto, sirva en escudillas tibias, adorne con el perejil picado y sirva inmediatamente.

CONSEJOS: Las judías y el maíz congelados tienen mejor sabor y son más cómodos que la variedad en lata.

Sopa de pollo con *vermicelli*

Recomendamos preparar esta sopa con un día de antelación y guardarla en la nevera durante la noche. Los vermicelli se añaden poco antes de servir.

6-8 personas

INGREDIENTES
3 kg/6 ½ lb de pollo para hervir, incluyendo los menudillos, excepto el hígado
4 tazas de agua fría
2 zanahorias
2 cebollas, cortadas por la mitad
5 tallos de apio
un manojo de *vermicelli* finos, alrededor de 115 g/4 oz
sal y pimienta negra recién molida
pan fresco, para servir

1 Ponga el pollo en una olla grande junto con los menudillos. Añada el agua y caliente hasta punto de ebullición a fuego alto. Retire la espuma blanca que suba a la superficie y agregue las cebollas, las zanahorias y el apio. Sazone con pimienta.

2 Cuando vuelva a hervir, baje el fuego, cubra y cueza a fuego lento durante 2 h, como mínimo, hasta que el pollo esté tierno. Supervise el nivel del agua con frecuencia, recuerde que el pollo siempre debe estar cubierto.

3 Retire el pollo de la sartén y quite la carne de los huesos, guárdela para otros usos. Ponga los huesos de nuevo en el agua y continúe cocinando otra h. Deben salir, al menos, 4 tazas.

4 Cuele la sopa sobre una fuente grande y refrigere durante una noche. Cuando esté muy fría, es probable que se forme una gelatina y una fina capa de grasa por encima. Retire la grasa con una cuchara y tírela.

5 Caliente de nuevo la sopa hasta punto de ebullición, condimente al gusto y añada los *vermicelli*. Hierva durante 8 min más y sirva en escudillas grandes, con pan fresco, si lo desea.

CONSEJOS: Para esta receta procure usar aves para hervir. Suelen tener más sabor que las aves para asar y la carne más blanda.

Sopa de albóndigas de cordero con verduras

Esta receta familiar es ideal para usar las sobras de vegetales y es una satisfactoria comida completa servida con pan crujiente.

4 personas

INGREDIENTES
4 tazas de caldo de res
1 cebolla, picada fina
2 zanahorias, en rodajas muy finas
½ apio/nabo, en dados pequeños
¾ taza de guisantes
    congelados
50 g/2 oz de judías verdes, cortadas
    en pedazos de 2,5 cm/1 in
3 tomates, sin semillas y picados
1 pimiento rojo, sin semillas,
    en dados pequeños
1 patata, en dados grandes
2 limones, en rodajas
sal y pimienta negra recién molida

PARA LAS ALBÓNDIGAS
225 g/8 oz de carne de cordero,
    muy magra, picada
2 cucharadas de perejil fresco picado
¼ de taza de arroz
    de grano corto
harina de trigo de uso general,
    para rebozar
sal y pimienta negra recién molida

1 Ponga el caldo, todos los vegetales, las rodajas de limón y parte de los condimentos en una olla grande. Lleve a un hervor, baje el fuego y cocine durante 15-20 min.

2 Mientras tanto, haga las albóndigas mezclando bien la carne picada, el perejil y el arroz en una escudilla, salpimentando abundantemente.

3 Forme pequeñas bolas con esta mezcla, del tamaño de una nuez aproximadamente, y reboce con la harina.

4 Ponga las albóndigas cuidadosamente en la sopa y cocine a fuego lento durante 25-30 min, removiendo ocasionalmente. Ajuste la sazón y sirva la sopa en escudillas tibias, acompañadas de pan crujiente.

Sopa tailandesa de tallarines

Plato emblemático de la ciudad tailandesa de Chiang Mai, esta deliciosa sopa de tallarines tiene su origen en Burma.

4-6 personas

INGREDIENTES
2 ½ tazas de leche de coco
2 cucharadas de pasta de curry rojo
1 cucharadita de cúrcuma molida
450 g/1 lb de muslos de pollo, deshuesados
   y cortados en pedazos del tamaño
   de un bocado
2 ½ tazas de caldo de pollo
4 cucharadas de salsa de pescado
1 cucharada de salsa de soja oscura
jugo de ½-1 lima
450 g/1 lb de tallarines de huevo frescos,
   blanqueados brevemente en agua hirviendo
sal y pimienta negra recién molida

PARA EL ADORNO
3 cebolletas, picadas
4 chiles rojos, picados
4 chalotes, picados
4 cucharadas de hojas de mostaza en
   encurtido, enjuagadas, en rodajas
2 cucharadas de hojas de cilantro
   fritas, en rodajas
4 nidos de tallarines, fritos (opcional)

1 Ponga ⅓ de la leche de coco en una olla grande y lleve a un hervor, removiendo con frecuencia con una cuchara de madera hasta que se separe.

2 Añada la pasta de curry y la cúrcuma molida, remueva para mezclar bien y cocine hasta que suelte su olor.

3 Agregue el pollo y saltee unos 2 min, asegurando que todos los trozos estén cubiertos con la pasta.

4 Incorpore la leche de coco restante, el caldo de pollo, la salsa de pescado y la salsa de soja. Salpimiente al gusto. Deje cocer a fuego lento durante 7-10 min. Retire del fuego y agregue el jugo de lima.

5 Recaliente los tallarines en agua hirviendo, escurra y divida en las escudillas individuales. Divida también el pollo en estas escudillas y vierta la sopa caliente. Adorne con una mezcla de las hierbas y especias.

Sopa de chile con carne.

Perfecta para un frío día invernal, esta picante sopa reconforta y calienta, y se prepara en muy poco tiempo.

4 personas

INGREDIENTES
1 cucharada de aceite vegetal
1 cebolla, picada
175 g/6 oz de carne picada de ternera
2 dientes de ajo, majados
1 chile rojo, en rodajas
¼ taza de harina de trigo
   de uso general
400 g/14 oz de tomates en lata, picados
2 ½ tazas de caldo de carne
225 g/8 oz de alubias rojas en lata,
   escurridas
2 cucharadas de perejil fresco picado,
   y un poco más para adornar
sal y pimienta negra recién molida

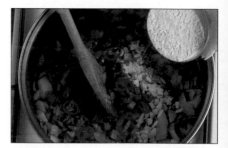

2 Añada el ajo, el chile y la harina. Cocine durante 1 min, removiendo constantemente. Añada los tomates y vierta el caldo. Caliente esta mezcla hasta punto de ebullición, a fuego moderado.

3 Agregue las alubias y salpimiente. Baje el fuego y cueza suavemente durante 20 min.

1 Caliente el aceite vegetal en una olla grande de fondo grueso. Añada la cebolla y la carne picada y fría a fuego moderado durante 5 min, removiendo frecuentemente, hasta que esté dorada y sellada.

VARIACIÓN: Para un sabor más suave, quite las semillas de los chiles después de cortarlos en rodajas.